中华人民共和国行业推荐性标准

公路工程利用建筑垃圾技术规范

Technical Specifications for Utilization of Construction Waste in Highway Engineering

JTG/T 2321—2021

主编单位：陕西交通控股集团有限公司
批准部门：中华人民共和国交通运输部
实施日期：2021 年 11 月 01 日

人民交通出版社股份有限公司
北 京

律师声明

本书所有文字、数据、图像、版式设计、插图等均受中华人民共和国宪法和著作权法保护。未经人民交通出版社股份有限公司同意，任何单位、组织、个人不得以任何方式对本作品进行全部或局部的复制、转载、出版或变相出版。

本书扉页前加印有人民交通出版社股份有限公司专用防伪纸。任何侵犯本书权益的行为，人民交通出版社股份有限公司将依法追究其法律责任。

有奖举报电话：(010) 85285150

北京市星河律师事务所
2020 年 6 月 30 日

图书在版编目（CIP）数据

公路工程利用建筑垃圾技术规范：JTG/T 2321—2021 / 陕西交通控股集团有限公司主编. — 北京：人民交通出版社股份有限公司，2021.8
ISBN 978-7-114-17536-7

Ⅰ. ①公… Ⅱ. ①陕… Ⅲ. ①建筑垃圾—应用—道路工程—公路路基—工程施工—技术规范—中国 Ⅳ. ① U416.14-65

中国版本图书馆 CIP 数据核字（2021）第 152926 号

标准类型：中华人民共和国行业推荐性标准
标准名称：公路工程利用建筑垃圾技术规范
标准编号：JTG/T 2321—2021
主编单位：陕西交通控股集团有限公司
责任编辑：王海南
责任校对：孙国靖　卢　弦
责任印制：刘高彤
出版发行：人民交通出版社股份有限公司
地　　址：(100011) 北京市朝阳区安定门外外馆斜街 3 号
网　　址：http://www.ccpcl.com.cn
销售电话：(010)59757973
总 经 销：人民交通出版社股份有限公司发行部
经　　销：各地新华书店
印　　刷：北京市密东印刷有限公司
开　　本：880×1230　1/16
印　　张：3.25
字　　数：64 千
版　　次：2021 年 8 月　第 1 版
印　　次：2022 年 4 月　第 2 次印刷
书　　号：ISBN 978-7-114-17536-7
定　　价：40.00 元
（有印刷、装订质量问题的图书由本公司负责调换）

中华人民共和国交通运输部

公 告

第 46 号

交通运输部关于发布《公路工程利用建筑垃圾技术规范》的公告

现发布《公路工程利用建筑垃圾技术规范》（JTG/T 2321—2021），作为公路工程行业推荐性标准，自 2021 年 11 月 1 日起施行。

《公路工程利用建筑垃圾技术规范》（JTG/T 2321—2021）的管理权和解释权归交通运输部，日常解释和管理工作由主编单位陕西交通控股集团有限公司负责。

请各有关单位注意在实践中总结经验，及时将发现的问题和修改建议函告陕西交通控股集团有限公司（地址：陕西省西安市雁塔区太白南路 9 号，邮政编码：710061），以便修订时研用。

特此公告。

中华人民共和国交通运输部

2021 年 8 月 9 日

交通运输部办公厅　　　　　　　　　　　　　　　　2021 年 8 月 11 日印发

前　言

根据交通运输部《关于下达 2019 年度公路工程行业标准制修订项目计划的通知》（交公路函〔2019〕427 号），由陕西交通控股集团有限公司作为主编单位，承担《公路工程利用建筑垃圾技术规范》（JTG/T 2321—2021）（以下简称"本规范"）的制定工作。

本规范基于合理、全面、先进、实用的原则，吸收了国内外建筑垃圾在公路工程领域的最新应用成果及规范标准，在借鉴和总结建筑垃圾公路工程领域的应用和工程实践经验的基础上编制而成。

本规范包括 7 章和 2 个附录，分别是：1 总则，2 术语，3 生产加工，4 技术要求与应用范围，5 路基，6 路面基层，7 水泥混凝土构件，附录 A 再生混凝土颗粒含量及轻质杂物含量试验方法，附录 B 再生材料最大干密度及压实度确定方法。

本规范第 1 章由杨育生负责编写，第 2 章由党延兵负责编写，第 3 章由杨育生、黄会奇负责编写，第 4 章由米峻、王选仓、路凯冀负责编写，第 5 章由党延兵、孙满成、薛保勇负责编写，第 6 章由陈长海、张喜民、王朝辉负责编写，第 7 章由张勇、季节、肖飞鹏负责编写，附录 A 由杨永红、原驰负责编写，附录 B 由傅珍、魏建强负责编写。

请各有关单位在执行过程中，将发现的问题和意见，函告本规范日常管理组，联系人：王朝辉（地址：陕西省西安市碑林区南二环中段，长安大学，邮编：710064；电话：029-82334836；传真：029-82334836；电子邮箱：wxc2005@163.com），以便下次修订时参考。

主　编　单　位：陕西交通控股集团有限公司
参　编　单　位：长安大学
　　　　　　　　陕西省交通规划设计研究院
　　　　　　　　北京新桥技术发展有限公司
　　　　　　　　北京城建华晟交通建设有限公司
　　　　　　　　北京建筑大学
　　　　　　　　同济大学
　　　　　　　　西安公路研究院

主　　　　编：杨育生
主要参编人员：党延兵　黄会奇　米　峻　孙满成　王选仓　陈长海
　　　　　　　路凯冀　张　勇　季　节　肖飞鹏　薛保勇　张喜民
　　　　　　　王朝辉

主　　　审：孟黔灵
参与审查人员：栾自胜　王　琛　高景伟　田　寅　张英治　李展望
　　　　　　　徐希娟　周文娟

参 加 人 员：雷　甲　杨永红　傅　珍　原　驰　魏建强　赵之杰
　　　　　　　高治泉　赵　昕　张梦媛　赵美玲　宋安敏　李　健
　　　　　　　李金元　赵　静　郭昱辰　高茂鸿　孙　斌　王金刚
　　　　　　　王佳妮

目　次

1 总则 1
2 术语 2
3 生产加工 4
   3.1 一般规定 4
   3.2 场地建设 4
   3.3 加工工艺 6
   3.4 加工设备 7
   3.5 污染防治 9
   3.6 安全生产管理 9
4 技术要求与应用范围 10
   4.1 一般规定 10
   4.2 Ⅰ类建筑垃圾再生材料 10
   4.3 Ⅱ类建筑垃圾再生材料 12
   4.4 Ⅲ类建筑垃圾再生材料 14
   4.5 应用范围 14
5 路基 16
   5.1 一般规定 16
   5.2 路基填筑 16
   5.3 台背回填 18
   5.4 地基处理 19
   5.5 质量检查与验收 21
6 路面基层 24
   6.1 一般规定 24
   6.2 设计要求 25
   6.3 水泥稳定类 25
   6.4 水泥粉煤灰稳定类 26
   6.5 石灰粉煤灰稳定类 27
   6.6 施工 28
   6.7 质量检查与验收 30

7 水泥混凝土构件 ·· 33
7.1 一般规定 ·· 33
7.2 技术要求 ·· 34
7.3 配合比设计 ·· 35
7.4 构件制作 ·· 37
7.5 质量检查与验收 ·· 38

附录 A 再生混凝土颗粒含量及轻质杂物含量试验方法 ···························· 41

附录 B 再生材料最大干密度及压实度确定方法 ···································· 43

本规范用词用语说明 ·· 44

1 总则

1.0.1 为规范建筑垃圾在公路工程中的应用，提升其整体利用水平，制定本规范。

1.0.2 本规范适用于各等级公路新建及改扩建工程。

1.0.3 建筑垃圾利用应遵循因地制宜、统筹规划、科学利用、生态环保的原则。

1.0.4 建筑垃圾再生材料在生产加工、储存、运输及使用过程中应遵守国家相关环境保护法律法规。

1.0.5 建筑垃圾利用除应符合本规范的规定外，尚应符合国家和行业现行有关标准的规定。

2 术语

2.0.1 建筑垃圾 construction waste
拆除等工程建设活动中产生的水泥混凝土、砖、石等固体废弃物。

条文说明
本规范不包含拆除建筑和道路等工程中的渣土和废旧沥青及混合料。

2.0.2 建筑垃圾再生材料 construction waste recycled materials
建筑垃圾经分选、加工生产后形成的再生材料。

2.0.3 建筑垃圾再生集料 construction waste recycled aggregate
建筑垃圾经分选、除杂、破碎、筛分等工艺加工后形成的不同粒径集料。

2.0.4 建筑垃圾再生粗集料 construction waste recycled coarse aggregate
粒径大于或等于4.75mm的建筑垃圾再生集料。

2.0.5 建筑垃圾再生细集料 construction waste recycled fine aggregate
粒径小于4.75mm的建筑垃圾再生集料。

2.0.6 杂物 impurities
建筑垃圾再生材料中除混凝土、砖块、砂浆、石块、陶瓷之外的其他物质。

2.0.7 轻质杂物 lightweight impurities
建筑垃圾中密度较小的杂物，包括塑料、木块、布片、纸屑等。

2.0.8 轻质杂物含量 lightweight impurities content
建筑垃圾再生材料中轻质杂物质量占总质量的百分比。

2.0.9 掺配率 blending rate
掺配建筑垃圾再生集料质量占总集料质量的百分比。

2.0.10 再生混凝土颗粒　recycled concrete particle
建筑垃圾再生集料中混凝土和石质颗粒的统称。

2.0.11 再生混凝土颗粒含量　recycled concrete particle content
建筑垃圾再生集料中再生混凝土颗粒质量占总质量的百分比。

2.0.12 天然集料　natural aggregate
天然砂石经开采、加工、机械破碎形成的集料。

2.0.13 无机结合料稳定建筑垃圾再生集料　inorganic-binder stabilized recycled aggregate
在天然集料中掺配一定比例建筑垃圾再生集料，通过无机结合料稳定形成的混合料。

2.0.14 再生集料水泥混凝土　recycled aggregate concrete
掺配一定比例建筑垃圾再生集料形成的水泥混凝土。

2.0.15 微粉含量　fine powder content
建筑垃圾再生集料中粒径小于 0.075mm 的颗粒含量。

3 生产加工

3.1 一般规定

3.1.1 建筑垃圾再生材料生产加工应建立全过程管理制度，推进综合利用。

3.1.2 建筑垃圾应以杂物含量少、均匀性好、无污染为优选原则，在生产加工前应排除含有害物质、污染严重或腐蚀严重的建筑垃圾。源自医院、化工厂等的建筑垃圾，应符合国家和行业有关危险废物的相关规定。

3.1.3 建筑垃圾再生材料生产加工场（厂）设置应结合当地建筑垃圾处置要求统筹考虑。加工场（厂）平面布置应与周围环境相协调，不得影响当地居民的生产生活。

3.1.4 建筑垃圾再生材料生产加工过程中应加强生态环境保护，减少扬尘、噪声，防止土壤、水体和空气污染。

3.1.5 建筑垃圾再生材料加工方式可分为固定式和移动式。用于水泥混凝土构件和高速公路、一级公路基层时，宜采用固定式加工方式；现场加工时，宜采用移动式加工方式。

条文说明

水泥混凝土构件和高速公路、一级公路基层对材料质量要求较高，推荐采用固定式加工厂加工。

3.1.6 建筑垃圾及其再生材料的运输宜采用封闭运输设备。

3.2 场地建设

3.2.1 移动式加工场应符合下列规定：
1 移动式加工场地设置应符合地方建设管理规定。
2 建筑垃圾与再生材料应分开堆放，完善排水设施。

3 场地周围应设置围挡。

3.2.2 固定式加工厂应符合下列规定：
1 厂址选择宜结合公路建设区域规划、场地布局要求统筹考虑。
2 加工厂区应包括建筑垃圾堆放区、加工区、再生材料堆放区、再生产品生产区、办公生活区以及厂区道路等。

3.2.3 加工场（厂）出入口道路应与场（厂）外道路连接平顺，并设置相应洗车、称重及排水设施。

3.2.4 加工场（厂）堆放区场地应平整，并根据地面自然坡度合理设置纵坡。

条文说明

设置场地合理纵坡主要考虑排水、堆放材料的稳定性。

3.2.5 建筑垃圾堆放区应符合下列规定：
1 建筑垃圾堆放区的储存能力应满足建筑垃圾生产加工及储存的要求。
2 建筑垃圾可采取露天或设棚两种堆放方式，露天堆放时应及时覆盖，防止扬尘和雨淋。
3 建筑垃圾堆放高度不宜超过5m。当超过3m时，应进行堆体和边坡稳定性验算，保证堆体、地基和边坡的稳定安全。当堆放场地附近有挖方工程或临空面时，还应进行临空面稳定性验算。
4 建筑垃圾堆放区地面应高于周围地坪，堆放区四周应设置排水系统，满足场地雨水导排要求。
5 建筑垃圾应根据类别不同分类存放。

条文说明

5 不同类别的建筑垃圾，其处理工艺不同，入场（厂）时分类存放，可以减少分选工作量，提高处理能力，也有利于提高建筑垃圾再生材料的质量。

3.2.6 加工区面积应满足建筑垃圾加工能力及再生材料分类堆放要求。

3.2.7 建筑垃圾再生材料堆放区应符合下列规定：
1 建筑垃圾再生材料应按规格分隔堆放，固定式加工厂堆放区域应修建专门的料棚和料仓，露天堆放时应予覆盖。
2 建筑垃圾再生材料应按梯形堆放，堆放层数不宜超过两层，每层堆放高度不宜超过 3m。

3 建筑垃圾再生材料堆放区应整洁、干净；并应根据地形设置排水沟，满足场地雨水导排要求。

3.3 加工工艺

3.3.1 建筑垃圾再生材料加工工艺应根据建筑垃圾特性及再生材料用途综合确定。加工工艺可包括分选、给料、破碎、筛分、降尘等工序，各工序配置宜根据再生材料用途确定。

3.3.2 对进入加工场地的建筑垃圾，宜进行分类、人工分拣和粗破等加工前预处理。

条文说明

大块建筑垃圾通过粗破达到后续工序要求的尺寸范围，同时通过拣选将较大尺寸的金属、杂物等在破碎前分拣出来；考虑到喷淋降尘，预处理作业区内需具备排水功能。

3.3.3 分选工艺应符合下列规定：
1 分选应包括除土、分选废金属、分选轻质杂物、粉体回收等环节。
2 分选应根据建筑垃圾组成，采用筛选、磁选、风选、光电分选等干法工艺及水选等湿法工艺，宜优先采用干法工艺。
3 砖、混凝土的分离根据建筑垃圾再生材料的技术要求可采用重力、筛分等工艺。
4 分选出的杂物应集中收集、分类存放、及时处置。

条文说明

根据建筑垃圾中杂物特性，通过筛分、磁选、风选、水选、光电分选等工艺选出建筑垃圾中渣土、轻质杂物、废金属等杂物。

分选分离工艺流程分为干法、湿法和干湿结合法。干法工艺是指建筑垃圾处置过程中不采用水选等水处理工艺（不包括为降尘采用的喷淋预处理）；湿法工艺是指处置过程中采用水选等水处理工艺；干湿结合法是指建筑垃圾处置过程中，部分物料采用含水的处理工艺，另一部分未采用含水的处理工艺。干法工艺流程对环境影响较小，湿法工艺流程需要水源及水处理等辅助生产设施，工艺较为复杂，推荐优先采用干法工艺。

光电分选是利用各物质表面光反射特性差异分离出建筑垃圾中的不同物料。砖、混凝土重力分离工艺是利用砖和混凝土密度的差异进行分离。

3.3.4 破碎工艺应根据建筑垃圾类型及再生材料用途确定。

3.3.5 筛分工艺应根据建筑垃圾再生材料级配要求确定。

3.4 加工设备

3.4.1 建筑垃圾加工设备选型应结合加工工艺确定。

3.4.2 物料输送设备的选型应根据工艺布置、物料性质、输送能力、输送距离、输送高度等因素确定。宜增加人工分拣专用输送带，分拣时应满足安全生产要求。

3.4.3 给料系统应符合下列规定：
1 给料系统可包括受料斗、给料机、辅助设施等。
2 受料斗的进口宽度与容积应满足给料设备的卸料要求，充分考虑粒径、杂物等因素，防止堵料。
3 给料设备应具备预筛分功能。

条文说明

当建筑垃圾中细料较多时，采用预筛分工艺将细料筛出，减少后续破碎筛分负荷。

3.4.4 破碎系统应符合下列规定：
1 应根据建筑垃圾原料特性与使用要求，合理制定破碎与筛分工艺组合，满足产能与效率、安全、易维护检修等要求。
2 一级破碎设备可采用颚式破碎机或反击式破碎机，二级破碎设备可采用反击式破碎机或锤式破碎机。

条文说明

采用一次破碎称为一级破碎；采用两次破碎称为二级破碎。一级破碎根据原料粒径尺寸特点，采用颚式破碎机；当物料粒径较小，且满足进料尺寸要求时，采用反击式破碎机。若对建筑垃圾再生材料的颗粒级配、粒形有较高要求，需选择二级或二级以上破碎。二级破碎中，一破一般采用颚式破碎机，二破一般采用反击式破碎机或锤式破碎机，一破设备和二破设备产能需匹配。

为保证建筑垃圾再生材料粒径符合使用要求，破碎要与筛分配合使用，通过筛分截留不满足要求的超规格料，返回破碎机再次破碎，从而形成闭路流程，满足建筑垃圾再生材料的出料粒径要求。

3.4.5 分选系统应根据建筑垃圾及再生材料技术要求合理选择，轻质杂物分选率不应低于95%。

条文说明

本条参考《建筑垃圾处理技术标准》(CJJ/T 134—2019) 第 8.2.9 条第 6 款和《固定式建筑垃圾处置技术规程》(JC/T 2546—2019) 第 5.3.5 条第 7 款的规定,轻质杂物分选率不低于 95%。轻质杂物分选率是指建筑垃圾经过破碎分选工艺,被分选出来的轻质杂物质量占建筑垃圾中轻质杂物总质量的百分比。

3.4.6 固定式和移动式破碎设备、磁选设备、筛分设备、风选设备、水选设备、砖混凝土分离设备应与处理能力相匹配。加工设备最低参数宜满足表 3.4.6 要求。

表 3.4.6 加工设备最低参数要求

加工设备	参数要求						
	最大进料粒度 (mm)	处理能力 (t/h)	适应带宽 (mm)	磁场强度 (mT)	筛网面积 (m²)	振动频率 (Hz)	功率 (kW)
固定式颚式破碎机	750	>200	—	—	—	—	—
移动式颚式破碎机	500	>100	—	—	—	—	—
固定式反击式破碎机	500	>200	—	—	—	—	—
移动式反击式破碎机	500	>100	—	—	—	—	—
固定式磁选设备	—	—	>1 000	>70	—	—	—
移动式磁选设备	—	—	>800	>70	—	—	—
固定式筛分设备	—	>200	—	—	>10	>16	—
移动式筛分设备	—	>100	—	—	>10	>13	—
固定式风选设备	—	>50	—	—	—	—	>10
移动式风选设备	—	>50	—	—	—	—	>10
固定式水选设备	—	>50	—	—	—	—	>10
移动式水选设备	—	>50	—	—	—	—	>10
固定式砖混分离设备	—	>50	—	—	—	—	—
移动式砖混分离设备	—	>30	—	—	—	—	—

注:1. 表中未列的其他设备参数,可根据建筑垃圾再生利用情况,选择与处理能力相匹配且性能高的参数。
2. 筛分设备宜采用振动筛。

条文说明

根据广泛调研及实体工程验证,加工设备最低参数宜满足表 3.4.6 要求。

振动筛效率高,质量小,系列完整多样,层次多,可以满足再生集料筛分量大、规格多的要求。

3.4.7 降尘设备应根据环保要求进行配置。建筑垃圾加工时,降尘设备应先于生产加工系统启动,生产加工系统停机时降尘设备应至少延时 10min 停机。

3.5 污染防治

3.5.1 建筑垃圾在收集、运输、加工和再生利用过程应采取相应措施，防治粉尘、废气、固体废弃物、噪声及废水对环境的污染，排放物应达到国家相关排放标准。

条文说明

建筑垃圾再生材料生产加工和应用过程中对环境的影响主要是大气污染、固体废弃物、噪声和废水排放污染等方面。大气污染主要是由于粉尘排放及燃油设备产生的废气对大气的污染，防治要符合《中华人民共和国大气污染防治法》的规定；扬尘控制要符合现行《防治城市扬尘污染技术规范》（HJ/T 393）的规定；生产加工和应用过程中产生的固体废弃物（包括杂物）处理要符合《中华人民共和国固体废弃物污染环境防治法》的规定；噪声污染主要是生产加工过程中机械设备运行产生的噪声，防治要符合现行《工业企业厂界环境噪声排放标准》（GB 12348）的有关规定；废水污染主要是生产加工和应用过程中水处理工艺、雨水渗流等产生的废水，处置要符合现行《污水综合排放标准》（GB 8978）的有关规定；另外，当地及特殊区域有特殊要求时，还要符合当地相关法规的规定。

3.6 安全生产管理

3.6.1 应贯彻执行国家安全生产法律、法规及安全标准，建立健全安全生产规章制度，做好企业安全生产管理和人员安全防护等工作。

4 技术要求与应用范围

4.1 一般规定

4.1.1 公路工程利用建筑垃圾再生材料应符合本章相应技术要求。

4.1.2 建筑垃圾再生材料可用于各等级公路新建及改扩建工程的非承重结构水泥混凝土构件、基层、底基层、路基填筑、地基处理、台背回填。

条文说明

结合全国建筑垃圾再生材料规模化工程利用经验，同时考虑建筑垃圾来源的复杂性、拆除建筑固废质量的不一致性、加工条件以及建筑垃圾对工程力学性能和耐久性可能存在潜在影响，本规范规定建筑垃圾再生材料主要应用于公路非承重结构水泥混凝土构件、基层、底基层、路基填筑、地基处理、台背回填。

4.1.3 建筑垃圾再生材料分为Ⅰ类、Ⅱ类、Ⅲ类三个技术类别。

条文说明

本规范基于工程应用实践情况，为了方便工程应用，根据用途来加工和选择建筑垃圾再生材料。因此，根据非承重结构水泥混凝土构件、基层、路基应用将建筑垃圾再生材料划分为Ⅰ、Ⅱ、Ⅲ三个技术类别，并按应用类别分别提出技术指标及要求。

4.2 Ⅰ类建筑垃圾再生材料

4.2.1 Ⅰ类建筑垃圾再生材料颗粒组成应符合表4.2.1-1和表4.2.1-2的规定。

表4.2.1-1 Ⅰ类建筑垃圾再生粗集料颗粒组成

粒径（mm）	通过以下筛孔（mm）百分率（%）							
	37.5	31.5	26.5	19.0	16.0	9.5	4.75	2.36
20～30	100	90～100	—	—	0～15	—	0～5	—
10～20	—	—	100	85～100	—	0～15	0～5	—
5～10	—	—	—	—	100	85～100	0～20	0～5

表 4.2.1-2　Ⅰ类建筑垃圾再生细集料颗粒组成

粒径（mm）	通过以下筛孔（mm）百分率（%）							
	9.5	4.75	2.36	1.18	0.6	0.3	0.015	0.075
通过百分率（%）	100	90~100	65~95	35~65	15~30	5~20	0~20	0~10

条文说明

根据现行《混凝土和砂浆用再生细骨料》（GB/T 25176）、《混凝土用再生粗骨料》（GB/T 25177）的相关要求，经广泛调研与室内试验，确定了Ⅰ类建筑垃圾再生材料颗粒组成。

4.2.2　Ⅰ类建筑垃圾再生集料按性能要求可分为 A 级、B 级。A 级可用于 C40 以下强度等级混凝土的配制；B 级可用于 C25 及 C25 以下强度等级混凝土的配制。

条文说明

经室内试验测试，虽然建筑垃圾再生集料混凝土的强度等级可达 C40 及 C40 以上，但考虑目前再生材料的来源、生产加工条件、工程全寿命周期强度和耐久性，本规范建议Ⅰ类建筑垃圾再生集料适用于 C40 以下强度等级的混凝土工程。

4.2.3　Ⅰ类建筑垃圾再生材料技术要求应符合表 4.2.3-1 和表 4.2.3-2 的规定。

表 4.2.3-1　Ⅰ类建筑垃圾再生粗集料技术要求

项　目		A 级	B 级	试验方法
表观密度（kg/m³）		≥2 350	≥2 250	
空隙率（%）		<50	<53	GB/T 14685
压碎指标（%）		<20	<30	
轻质杂物含量（%）		≤0.1		本规范附录 A
再生混凝土颗粒含量（%）		≥60	≥40	
微粉含量[a]（%）		<2.0	<3.0	GB/T 14685
泥块含量（%）		<0.7	<1.0	
吸水率（%）		<5.0	<8.0	GB/T 17431.2
针片状颗粒含量（%）		<10.0		
坚固性（饱和硫酸钠溶液中质量损失）（%）		<10.0	<15.0	
有害物质含量	有机物	合格		GB/T 14685
	硫化物及硫酸盐（折算成 SO₃，按质量计）（%）	<2.0		
	氯化物（以氯离子质量计）（%）	<0.06		GB/T 14684

注：[a] 微粉含量按现行《建设用卵石、碎石》（GB/T 14685）中规定的含泥量试验方法执行。

表 4.2.3-2　Ⅰ类建筑垃圾再生细集料技术要求

项　目		A 级	B 级	试验方法
表观密度（kg/m³）		≥2 450	≥2 350	GB/T 14684
堆积密度（kg/m³）		≥1 350	≥1 300	
空隙率（%）		<46	<48	
微粉含量（%）	亚甲蓝（MB）值<1.40或合格	<5.0	<7.0	
	亚甲蓝（MB）值≥1.40或不合格	<1.0	<3.0	
泥块含量（%）		<1.0	<2.0	
单级最大压碎指标（%）		<20	<25	
坚固性（饱和硫酸钠溶液中质量损失）（%）		<8.0	<10.0	
碱集料反应性能		经碱集料反应试验后，由再生细集料制备的试件无裂缝、酥裂或胶体外溢等现象，膨胀率小于0.10%		
有害物质含量	云母含量（%）	<2.0		
	轻质杂物含量（%）	<1.0		
	有机物含量（比色法）	合格		
	硫化物及硫酸盐（折算成 SO_3，按质量计）（%）	<2.0		
	氯化物（以氯离子质量计）（%）	<0.06		

条文说明

本规范Ⅰ类再生粗集料 A 级与 B 级技术要求分别参照现行《混凝土用再生粗骨料》（GB/T 25177）条文规定中的Ⅱ类与Ⅲ类标准；Ⅰ类再生细集料 A 级与 B 级技术要求分别参照现行《混凝土和砂浆用再生细骨料》（GB/T 25176）条文规定中的Ⅰ类与Ⅱ类标准，其中亚甲蓝（MB）值是用于确定再生细集料中粒径小于 75μm 的颗粒中高岭土含量的指标。考虑混凝土的力学性能和耐久性，规定了Ⅰ类再生粗集料的再生混凝土颗粒含量。

4.3　Ⅱ类建筑垃圾再生材料

4.3.1　Ⅱ类建筑垃圾再生材料颗粒组成应符合表 4.3.1-1 和表 4.3.1-2 的规定。

表 4.3.1-1 Ⅱ类建筑垃圾再生粗集料颗粒组成

粒径 (mm)	通过以下筛孔（mm）百分率（%）					公称粒径 (mm)
	37.5	31.5	19.0	9.5	4.75	
20~30	100	90~100	0~10	—	—	19~31.5
10~20	—	100	90~100	0~10	0~5	9.5~19
5~10	—	—	100	90~100	0~10	4.75~9.5

表 4.3.1-2 Ⅱ类建筑垃圾再生细集料颗粒组成

粒径 (mm)	通过以下筛孔（mm）百分率（%）				
	9.5	4.75	2.36	0.6	0.075
0~5	100	90~100	—	—	0~20

条文说明

参考现行《公路路面基层施工技术细则》（JTG/T F20）中粗集料规格要求及细集料规格要求，建筑垃圾再生集料用于公路基层主要替换部分石料，其工程粒径规格不建议过多，参照现行《公路路面基层施工技术细则》（JTG/T F20）相关规定，推荐建筑垃圾再生集料颗粒组成，可以参考执行。

4.3.2 Ⅱ类建筑垃圾再生材料技术要求应符合表 4.3.2-1 和表 4.3.2-2 的规定。

表 4.3.2-1 Ⅱ类建筑垃圾再生粗集料技术要求

项 目	A 级	B 级	C 级	试验方法
压碎值（%）	≤30	≤35	≤40	T 0316
针片状颗粒含量（%）	≤18	≤20	≤20	T 0312
0.075mm 以下粉尘含量（%）	≤1.2	≤2.0	≤5.0	T 0310
轻质杂物含量（%）	≤0.3	≤0.5	≤1.0	本规范附录 A
再生混凝土颗粒含量（%）	≥40	≥35	≥30	

表 4.3.2-2 Ⅱ类建筑垃圾再生细集料技术要求

项 目	A 级	B 级	C 级	试验方法
0.075mm 以下材料的塑性指数	≤17			T 0118
砂当量（%）	≥40			T 0334
有机质含量（%）	<2.0			T 0336
硫酸盐含量（%）	≤0.25		—	T 0341
泥块含量（%）	≤2.0	≤3.0	—	T 0335

条文说明

建筑垃圾再生粗集料的针片状颗粒含量、小于 0.075mm 含量以及建筑垃圾再生细集料的塑性指数、有机质含量、硫酸盐含量参照现行《公路路面基层施工技术细则》（JTG/T F20）关于粗集料、细集料的相关要求；建筑垃圾再生粗集料的压碎值、轻质杂物含量、再生混凝土颗粒含量以及建筑垃圾再生细集料的砂当量、泥块含量经室内试验测试确定。

4.4 Ⅲ类建筑垃圾再生材料

4.4.1 建筑垃圾再生材料用于路堤填筑时，填料粒径应小于150mm，路床及台背填料粒径应小于100mm。

4.4.2 建筑垃圾再生材料用于垫层或换填处理时，最大粒径不宜大于100mm，含泥量不应大于5%。

4.4.3 建筑垃圾再生材料用于挤淤地基处理时，宜采用较大粒径，其中300mm粒径以上的块料含量不宜小于80%，最大粒径应根据淤泥层厚度并结合工程经验确定。

条文说明

根据工程研究成果，填筑路基的建筑垃圾再生材料粒径一般较大，4.75mm以上颗粒含量较多，基本上都可以满足现行《公路路基施工技术规范》（JTG/T 3610）承载比要求，因此本规范仅对再生材料粒径提出要求。

4.4.4 Ⅲ类建筑垃圾再生材料技术要求应符合表4.4.4的规定。

表4.4.4 Ⅲ类建筑垃圾再生材料技术要求

项 目	技术要求	试验方法
轻质杂物含量（%）	≤1.0	本规范附录A
不均匀系数	≥5	T 0115
易溶盐含量（%）	≤0.5	T 0153

条文说明

由于建筑垃圾中的轻质杂物与易溶盐影响路基填筑质量，本规范提出轻质杂物含量与易溶盐含量的技术要求。

4.5 应用范围

4.5.1 各类再生材料应用范围应符合表4.5.1的规定。

表 4.5.1 各类再生材料应用范围

应用范围		Ⅰ类		Ⅱ类			Ⅲ类
		A级	B级	A级	B级	C级	
水泥混凝土	公路非承重结构水泥混凝土构件和相应等级水泥混凝土	√	√				
路面基层	高速公路、一级公路基层			√			
	高速公路、一级公路底基层、二级及二级以下公路基层			√	√		
	二级及二级以下公路底基层			√	√	√	
路基	台背回填、桩类地基			√	√	√	
	各等级公路路基填筑、地基换填、垫层处理			√	√	√	√

4.5.2 台背回填、桩类地基用建筑垃圾再生材料的压碎值、轻质杂物含量及再生混凝土颗粒含量宜符合表 4.3.2-1 中 C 级的规定。

条文说明

考虑应用工程的耐久性，本规范不推荐建筑垃圾再生材料应用于承重结构混凝土；若用于承重结构混凝土，需经试验论证后方可使用。

应用过程中，Ⅰ类建筑垃圾再生材料仅用于公路非承重结构水泥混凝土构件和配制相应等级混凝土。

台背回填、桩类地基用建筑垃圾再生材料的针片状颗粒含量、0.075mm 以下粉尘含量可不做要求。

5 路基

5.1 一般规定

5.1.1 建筑垃圾再生材料路基设计与施工应符合现行《公路路基设计规范》（JTG D30）和《公路路基施工技术规范》（JTG/T 3610）的相关要求。

5.1.2 用于路基填筑、地基换填、垫层处理、台背回填及采用砂石桩处理地基的建筑垃圾再生材料应符合本规范第4章中的相关规定。

5.1.3 建筑垃圾再生材料使用前应进行质量检测，不同批次材料应分别取样，检测合格后方可使用。

5.1.4 建筑垃圾再生材料应铺筑试验段，总结施工工艺及压实工艺主要参数，应采用试验路段确定的工艺流程、工艺参数控制后续施工。

条文说明

　　试验路段通常选择在地质条件、断面形式等工程特点具有代表性的地段。试验段施工需确定压实工艺主要参数：机械组合、压实机械规格、松铺厚度、碾压遍数、碾压速度、最佳含水率等。

5.2 路基填筑

5.2.1 路基设计应符合下列规定：
1 建筑垃圾再生材料用于填筑路堤、路床时，填料最小承载比（CBR）应符合现行《公路路基设计规范》（JTG D30）的有关规定。
2 建筑垃圾再生材料公路路基回弹模量设计值应符合现行《公路沥青路面设计规范》（JTG D50）和《公路水泥混凝土路面设计规范》（JTG D40）的有关规定。
3 建筑垃圾再生材料填筑路堤时，宜设置路基下封层，下封层的材料可采用黏土、无机结合料稳定土或土工布封层，黏土、无机结合料稳定土下封层厚度宜为30~50cm，封层上第一层建筑垃圾再生材料应采用全宽摊铺；当采用植草防护或骨架植物综合防护时，边坡表面宜覆盖30cm厚度的种植土。

条文说明

根据广泛调研及实体工程研究成果，建筑垃圾再生材料为水稳定性较好的粗粒料，可以用于高速公路、一级公路等各级公路路基填料，其技术要求按现行《公路路基设计规范》（JTG D30）执行。建筑垃圾再生材料填筑路堤时，为防止对地下土壤与水产生影响，通过设置路基下封层，起到隔离作用；封层上第一层建筑垃圾再生材料采用全宽摊铺以利于横向排水。

5.2.2 施工应符合下列规定：

1 建筑垃圾再生材料填筑路基施工准备应按现行《公路路基施工技术规范》（JTG/T 3610）的要求执行。

2 建筑垃圾再生材料运输车辆应加盖篷布以保持水分并防止抛撒、扬尘。

3 布料及整平应符合下列规定：

1）建筑垃圾再生材料卸料后采用推土机初平，并对超大粒径进行处理。初平后，采用平地机按确定的松铺厚度进行精平，然后采用钢轮压路机进行稳压。

2）整平后应测定松铺厚度，不满足要求时应采用平地机继续整平，直至满足要求。

3）整平后对局部大颗粒集中部位应由人工采用细料填充找平。

4 洒水预湿应符合下列规定：

1）洒水前应测定再生材料的天然含水率，根据试验确定的最佳含水率并扣除再生材料吸水率后计算所需补水量。

2）洒水应均匀，防止出现路基表面局部水分过多现象。应及时检测再生材料的含水率，以保证其处于最佳含水率 $-1.0\% \sim +3.0\%$ 范围内。

3）施工时如路基裸露时间长，气温过高，应适当补水。

5 建筑垃圾再生材料应分层填筑、碾压，碾压应符合下列规定：

1）压实机械宜选用自重不小于20t振动压路机，适宜频率为25~35Hz，振幅不少于2mm，碾压速度为30~70m/min。

2）碾压按先轻后重、先慢后快、先静后动和轮迹重叠的原则。压实路线纵向互相平行，直线地段由两边向路基中心碾压，曲线路段由曲线内侧向外侧碾压。横向接头应重叠，前后相邻两区段间应纵向重叠。

6 建筑垃圾再生材料路基施工过程中压实度质量控制应符合表5.2.2的要求。建筑垃圾再生材料最大干密度及压实度确定方法应符合本规范附录B的规定。

表5.2.2 再生材料路基压实控制标准

项 目	规定值或允许偏差		检查方法和频率
	高速公路、一级公路	二级及二级以下公路	
外观	表面平整密实，不得有明显轮迹、杂物，及离析		目测：随时

续表 5.2.2

项 目	规定值或允许偏差		检查方法和频率
	高速公路、一级公路	二级及二级以下公路	
碾压厚度（cm）	≤25 路床 ≤30 路堤		水准仪：每 200m 测 4 个断面
压实质量	压实度（%）≥96 路床 压实度（%）≥94 上路堤 压实度（%）≥93 下路堤	压实度（%）≥95 路床 压实度（%）≥94 上路堤 压实度（%）≥92 下路堤	灌砂法：每 1 000m² 至少测 2 点，不足 1 000m² 检验 2 点，必要时可根据需要增加检测点
	沉降差≤试验路段确定的沉降差		精密水准仪：每 50m 检测 1 个断面，每个断面检测 5 点

条文说明

4 根据广泛调研及实体工程研究成果，建筑垃圾再生材料吸水率较大，其最佳含水率较高，施工时洒水分两次进行，第一次洒水为所需用水量的 60%~70%（一般略大于理论数值，根据现场气温调节），待路基表面风干不粘轮时碾压 2~3 遍；第二次洒水量约为所需用水量的 30%~40%，待路基表面风干不粘轮时继续碾压。

6 根据广泛调研及实体工程研究成果，参照现行《公路路基施工技术规范》（JTG/T 3610），施工过程中每一压实层，需采用试验路段确定的工艺流程、工艺参数控制，压实质量采用压实度和沉降差进行控制。当路堤用建筑垃圾再生材料粗颗粒较多，路基施工质量标准参照填石路基进行控制。

5.3 台背回填

5.3.1 台背回填设计应符合下列规定：

1 建筑垃圾再生材料台背回填最小承载比应符合表 5.3.1 的规定。

表 5.3.1 最小承载比（CBR）（%）

填料应用部位（路面底面以下深度）	高速公路、一级公路	二级公路	三、四级公路
≤2m	8	6	5
>2m	5	4	3

注：该表 CBR 试验条件应符合现行《公路土工试验规程》（JTG 3430）的规定。

2 台背连接过渡段应符合现行《公路路基设计规范》（JTG D30）的相关规定，台背连接过渡段填料应符合路床材料要求。

条文说明

1 根据相关工程实践，并参照现行《公路路基设计规范》（JTG D30）填料最小承载比（CBR）规定，上路床（路基地面以下 0～0.3m）的规定为：高速公路和一级公路 8%，二级公路 6%，三、四级公路 5%。下路床轻、中等及重交通（路基地面以下 0.3～0.8m）的规定为：一级公路 5%，二级公路 4%，三、四级公路 3%。下路床特重、极重交通（路基地面以下 0.3～1.2m）的规定为：一级公路 5%，二级公路 4%。建筑垃圾再生材料用于台背回填时，小于或等于 2m 范围内按上路床对应公路等级进行要求，大于 2m 范围内按下路床对应公路等级进行要求。

5.3.2 施工应符合下列规定：

1 台背地基处理应符合现行《公路路基施工技术规范》（JTG/T 3610）的要求。

2 建筑垃圾再生材料台背回填应分层填筑，压实度应满足现行《公路路基施工技术规范》（JTG/T 3610）的要求，涵洞两侧可采用小型压实机具补充压实。

5.4 地基处理

5.4.1 地基处理设计应符合下列规定：

1 地基处理应依据现行《公路工程地质勘察规范》（JTG C20）及《公路软土地基路堤设计与施工技术细则》（JTG/T D31-02）进行勘察，根据地基岩土性质、物理力学参数和水文条件，结合地形、路基高度等进行设计。

2 再生材料浅层处理应符合下列规定：

1）再生材料浅层处理适用于厚度小于 3.0m 的软土。

2）换填处理厚度宜为 0.5～3.0m，宽度应处理至路堤坡脚外不小于 1.0m。

3 再生材料沉管桩应符合下列规定：

1）再生材料沉管桩适用于处理厚度大于 3.0m、地下水位高、含水率较大的软黏土。

2）沉管桩处理地基用建筑垃圾再生材料粒径宜为 20～50mm，技术要求宜符合本规范第 4.5.2 条的规定。

3）再生材料沉管桩的桩长、桩径、桩间距及承载能力，应按现行《公路软土地基路堤设计与施工技术细则》（JTG/T D31-02）确定。

4）再生材料沉管桩位于桥涵过渡段、挡墙或涵洞基础段时，宜在桩体材料中添加石屑及水泥，水泥剂量宜为 4%～6%。

5）再生材料沉管桩的处理宽度，应宽出路堤坡脚外不小于 2.0m。

6）再生材料沉管桩桩顶宜铺设再生材料垫层，垫层厚度 40～60cm，最大粒径不大于 100mm，压实度不小于 93%。

4 再生材料挤密桩应符合下列规定：

1）建筑垃圾再生材料挤密桩可用于各等级公路不良地基处理。

2）挤密桩处理地基用建筑垃圾再生材料技术指标应符合本规范第 4.5.2 条的规定，颗粒组成应符合表 5.4.1 的规定。

表 5.4.1 挤密桩用建筑垃圾再生材料颗粒组成

项 目	通过以下筛孔（mm）累计筛余百分率（%）					试验方法
	31.5	19	9.5	4.75	2.36	
建筑垃圾再生材料	100	65~100	10~18	0~10	0~7	T 0115

3）建筑垃圾再生材料挤密桩的填料应按现行《公路路面基层施工技术细则》（JTG/T F20）中无机结合料稳定材料进行配合比设计。

4）挤密桩桩体材料采用石灰土或水泥土稳定再生材料混合料。石灰宜采用Ⅲ级以上钙质消石灰，水泥宜选用强度等级为 32.5 级的普通硅酸盐水泥，水采用可饮用水。

5）石灰土或水泥土掺量宜为 26%~30%，石灰土中石灰剂量宜为 12%~18%；水泥土的水泥剂量宜为 6%~10%。

6）桩体填料的 7d 龄期无侧限抗压强度 R_d 不应低于 1.2MPa，混合料的最大干密度和最佳含水率应采用现行《公路工程无机结合料稳定材料试验规程》（JTG E51）中的击实方法确定。

条文说明

3 根据相关工程实践及现有研究成果，采用沉管桩处理地基时用标准料斗或运料车将拌和好的填料分层填入桩孔夯实。采用振动沉管成桩法施工时，需根据沉管和挤密情况，控制填料量、提升高度、速度、挤压次数和时间等参数。采用锤击沉管法挤密时，需根据锤击能量控制分段的材料填量和成桩长度。再生材料沉管桩桩孔内材料填量按充盈系数确定，一般取 1.2~1.4，具体数值通过现场试验确定。

石屑为中等粒径集料，石屑的掺入可以使桩体级配良好，掺入水泥可以增加桩体的强度。桩体材料中添加适量石屑及水泥拌和后，可以形成黏结强度较高的桩体，和桩间土一起构成复合地基，对桩体强度起重要作用，有利于加固特殊地基。

根据相关规范及实践表明，当沉管桩的处理宽度宽出路堤坡脚外 2.0m 及以上时，能达到较好的处理效果。

再生材料沉管桩施工开挖基坑时，在桩顶高程以上预留一定厚度土层，桩体施工完毕后，顶部预留松散桩体要挖除，之上需设置一层与粒料桩相连的排水垫层。

4 挤密桩复合地基目前已应用于黄土地区地基处理。其他土质地基处理需论证确定；但当地基土含水率大于 24%、饱和度大于 65% 时，在成孔和拔管过程中，桩孔及其周边土容易缩颈和隆起，挤密效果差，因此需通过试验确定其适用性。

根据相关工程实践及现有研究成果，建筑垃圾再生材料挤密桩利用沉管、冲击等方法在土中成孔，向桩孔内分层夯填建筑垃圾再生材料与灰土的混合料形成桩体。其施工首先是利用沉管法或冲击法挤土成孔，然后分层填入混合建筑垃圾材料，采用重锤夯实成桩。施工过程与灰土挤密桩基本相同，但是填筑桩孔的建筑垃圾再生材料又与碎石的性质类似，其强度远高于土体，密实的建筑垃圾再生材料桩体取代了与桩体体积相同的软弱黄土。由于桩的强度和抗变形性能均优于周围土体，因此由桩与桩间土共同组成的复合地基的性能得到改善，从而提高了地基的整体稳定性和抗破坏能力。

5.4.2 施工应符合下列规定：

1 换填处理压实应采用20t以上压路机碾压至稳定无轮迹。

2 建筑垃圾再生材料沉管桩施工前应进行成桩工艺和成桩挤密试验，根据试验确定锤的质量、锤长、落距、分层填料量、分层夯填度、夯击次数、总填料量等技术参数。

3 建筑垃圾再生材料挤密桩施工宜包括场地平整、土中成孔、桩孔夯填、质量检验等工序。

5.5 质量检查与验收

5.5.1 建筑垃圾再生材料路基应按现行《公路工程质量检验评定标准 第一册 土建工程》（JTG F80/1）中的要求进行质量检验评定。再生材料路基施工质量验收标准应符合表5.5.1的规定。

表5.5.1 再生材料路基质量检验项目及验收标准

项次	检查项目	规定值或允许偏差		检查方法和频率
		高速公路、一级公路	二级及二级以下公路	
1△	压实质量	压实度（%）≥96	压实度（%）≥95	灌砂法：每200m每压实层测4处
		沉降差≤试验路段确定的沉降差		精密水准仪：每50m检测1个断面，每个断面检测5点
2△	弯沉	满足设计要求		—
3	纵断高程（mm）	+10，-20	+10，-30	水准仪：每200m实测2个断面
4	中线偏位（mm）	≤50	≤100	全站仪：每200m测2点，弯道加HY、YH 2点
5	宽度	满足设计要求		米尺：每200m测4处
6	平整度（mm）	≤20	≤30	3m直尺：每200m测2处×5尺

注：表5.5.1、表5.5.2与表5.5.3中的"△"代表关键项目，其他为一般项目。

条文说明

根据广泛调研及工程实践，填筑路基采用的建筑垃圾再生材料主要为砖块及混凝土颗粒，施工时参照填石路堤质量标准进行检验。

5.5.2 再生材料沉管桩应按下列要求进行质量检验：

1 成桩30d后，采用（$N_{63.5}$）重型动力触探检测桩身密实度和桩长，抽检频率应为总桩数的 1.0%~2.0%，要求贯入量为 100mm 时，锤击次数不小于 5 击。

2 成桩 30d 后进行载荷试验，检测单桩承载力和复合地基承载力，抽检频率应为总桩数的 0.2%~0.5%，且不应少于 3 处，测定的承载力应达到设计要求。

3 再生材料沉管桩施工过程中的质量检查及验收应符合表 5.5.2 的规定。

表 5.5.2 再生材料沉管桩质量检验项目及验收标准

项次	检查项目	规定值或允许偏差	检查方法和频率
1	桩距（mm）	±150	抽检 2% 且不少于 5 点
2	桩径	不小于设计值	抽检 2% 且不少于 5 点
3△	桩长	不小于设计值	查施工记录并结合重型动力触探检查
4	桩位偏差	±30% 的桩径	100%
5	桩孔垂直度（%）	±1	100%
6	粒料灌入率	不小于设计值	查施工记录

条文说明

2 根据工程实践经验，本规范中沉管桩采用的建筑垃圾再生材料可归为粒料，参考现行《公路软土地基路堤设计与施工技术细则》（JTG/T D31-02）中关于粒料桩的规定，提出再生材料沉管桩施工过程中的质量检验项目及标准。

检验日期距成桩日期间隔的时间对标贯击数的影响很明显。成桩距检测相隔时间较长（30~48d），标贯击数较高；成桩距检测相隔时间较短（14~30d），则标贯击数较低。因此，规定检验时间为成桩 30d 以后。施工前需进行成桩工艺和成桩强度试验，当成桩质量不满足设计要求时，在调整设计与施工有关参数后，重新进行试验或改变设计。

5.5.3 建筑垃圾再生材料挤密桩施工过程中的质量检验应符合表 5.5.3 的规定。

表 5.5.3 再生材料挤密桩质量检验项目及验收标准

项次	检测项目	允许偏差或允许值	抽检频率	检验方法与说明
1△	桩间土挤密系数	≥0.9	探井数应不少于总桩数的 0.3%，且每项单体工程不少于 3 个	探井取样，处理深度范围内按 1m 分层取样检测
2△	桩体密实度	符合设计要求	1%~2%	采用重型或超重型动力触探试验（JGJ 340），每 1m 试验 1 次
3△	桩孔深度	符合设计要求	—	测量桩管入土长度或测量孔深

续表 5.5.3

项次	检测项目		允许偏差或允许值	抽检频率	检验方法与说明
4△	复合地基承载力		符合设计要求	单项工程总桩数的0.2%~0.5%，且每项单体工程不应少于3点	静载荷试验（JGJ 340）；黄土地基施工完成14天后
5	桩位偏差		≤5%的桩距	100%	现场用钢尺测量
6	桩孔垂直度（%）		≤1.5	100%	测桩管或桩孔垂直度
7	桩径	冲击法或钻孔法（mm）	-40	100%	用钢尺测量，负值指局部断面

注：地基承载力抽检频率为0.2%~0.5%，桩数≥6 000时取低值，桩数≤1 500时取高值，中间按内插法计算，且每项单体工程不应少于3点。

条文说明

根据工程实践经验，建筑垃圾再生材料挤密桩施工工序包括场地平整、土中成孔、桩孔夯填、质量检验等项。各工序规范运作，注重工序间的搭接与配合。开始填料前，孔底需先夯实，再按设计要求进行分层回填夯实；夯填采用连续施工，每个桩孔一次性分层回填夯实；桩体密实度、桩间土挤密系数、桩间土湿陷系数、地基承载力等检测项目采取随机抽检的方式。质量检验时，关键项目要全部合格，一般项目合格率不小于90%。

6 路面基层

6.1 一般规定

6.1.1 无机结合料稳定建筑垃圾再生集料路面基层的设计和施工应符合现行《公路路面基层施工技术细则》（JTG/T F20）、《公路水泥混凝土路面设计规范》（JTG D40）及《公路沥青路面设计规范》（JTG D50）的相关规定。

6.1.2 水泥、石灰、粉煤灰等无机结合料可用于稳定建筑垃圾再生集料。用于路面基层的建筑垃圾再生材料应符合Ⅱ类再生材料的技术要求。

6.1.3 水泥、石灰、粉煤灰、水等其他原材料质量应符合现行《公路路面基层施工技术细则》（JTG/T F20）的相关要求。

6.1.4 无机结合料稳定建筑垃圾再生集料基层掺配率应符合表6.1.4的规定。当采用超过该表的掺配率时，应通过试验加以验证。

表6.1.4　无机结合料稳定建筑垃圾再生集料路面基层掺配率（%）

结构层	公路等级	水泥稳定类	水泥粉煤灰稳定类	石灰粉煤灰稳定类
基层	高速公路、一级公路	≤50	≤50	≤50
	二级及二级以下公路	≤70	≤70	≤60
底基层	高速公路、一级公路	≤80	≤80	≤70
	二级及二级以下公路	≤90	≤90	≤80

6.1.5 无机结合料稳定建筑垃圾再生集料基层掺配时，各档料可按比例掺配。

6.1.6 建筑垃圾再生集料掺配时，宜在工程粒径5~10mm、10~20mm两档集料中优先掺配建筑垃圾再生集料。

条文说明

建筑垃圾再生集料相较于天然集料强度偏低，在掺配时，最大档材料（20~30mm）通常用天然集料，以形成较高强度的骨架；故掺配时，优先选取工程粒径

5~10mm、10~20mm 两档建筑垃圾再生集料进行掺配，保证基层强度和耐久性。

6.1.7 确定无机结合料稳定建筑垃圾再生集料的最大干密度和最佳含水率时，宜采用振动成型法，也可采用重型击实法。

条文说明

振动成型法确定的无机结合料稳定建筑垃圾再生集料最大干密度为相同掺配率下重型击实法的 1.03~1.05 倍，能够更好地模拟现场施工碾压工艺，因此首先推荐采用振动成型法确定无机结合料稳定建筑垃圾再生集料的最大干密度和最佳含水率。

6.2 设计要求

6.2.1 水泥稳定、水泥粉煤灰稳定建筑垃圾再生集料设计参数龄期宜为 90d，石灰稳定、石灰粉煤灰稳定建筑垃圾再生集料设计参数龄期宜为 180d。

6.2.2 高速公路、一级公路初步设计阶段以及二级及二级以下公路无机结合料稳定建筑垃圾再生集料结构层的弯拉强度和弹性模量宜参照当地已有经验确定，也可参照表 6.2.2 的规定。

表 6.2.2 无机结合料稳定建筑垃圾再生集料弯拉强度和弹性模量（MPa）

材　　料	弯拉强度	弹性模量	试验方法
水泥稳定建筑垃圾再生集料	1.5~2.0	18 000~28 000	JTG E51 T 0851
水泥粉煤灰稳定建筑垃圾再生集料			
石灰粉煤灰稳定建筑垃圾再生集料	0.9~1.5	14 000~20 000	JTG E51 T 0851

注：结合料用量高，材料性能好，级配好或压实度大时取高值，反之取低值。

6.2.3 高速公路、一级公路施工图设计阶段，路面结构层无机结合料稳定建筑垃圾再生集料的弯拉强度和弹性模量宜采用中间段法单轴压缩试验测定。

条文说明

根据《公路沥青路面设计规范》（JTG D50—2017）第 5.4.5 条的规定，高速公路和一级公路施工图设计阶段，采用中间段法单轴压缩试验测定。

6.3 水泥稳定类

6.3.1 水泥稳定建筑垃圾再生集料的级配应符合表 6.3.1 的规定。

表 6.3.1 水泥稳定建筑垃圾再生集料的级配

公路等级	通过以下筛孔（mm）百分率（%）						
	31.5	19	9.5	4.75	2.36	0.6	0.075
高速公路、一级公路	100	56~70	35~46	28~36	15~25	8~16	3~6
二级公路及二级以下公路	100	65~80	45~60	30~50	19~36	8~19	2~7

条文说明

参考《公路路面基层施工技术细则》（JTG/T F20—2015），基层、底基层采用相同级配。

6.3.2 水泥稳定建筑垃圾再生集料技术要求应符合表6.3.2的规定。

表 6.3.2 水泥稳定建筑垃圾再生集料的压实度和强度

结构层	公路等级	压实度（%）	7d饱水无侧限抗压强度 R_d（MPa）	
			重型击实法	振动成型法
基层	高速公路、一级公路	≥98	4.0~6.0	6.0~8.0
	二级及二级以下公路	≥97	3.0~5.0	4.0~6.0
底基层	高速公路、一级公路	≥97	2.5~4.5	5.0~7.0
	二级及二级以下公路	≥95	2.0~4.0	3.0~5.0

条文说明

参考《公路路面基层施工技术细则》（JTG/T F20—2015）表4.2.4的技术要求，结合工程实践经验确定。

6.3.3 应选择两个以上的掺配率，按现行《公路路面基层施工技术细则》（JTG/T F20）进行配合比设计。根据试验结果，宜选择满足技术要求的较大掺配率为最终掺配率。

6.3.4 水泥稳定建筑垃圾再生集料水泥剂量宜为3%~6%。

条文说明

参考《公路路面基层施工技术细则》（JTG/T F20—2015）表4.6.5的推荐值，结合工程实践经验确定。

6.4 水泥粉煤灰稳定类

6.4.1 水泥粉煤灰稳定建筑垃圾再生集料的级配应符合表6.4.1的规定。

表 6.4.1 水泥粉煤灰稳定建筑垃圾再生集料级配

公路等级	通过以下筛孔（mm）百分率（%）								
	31.5	26.5	19	13.2	9.5	4.75	2.36	0.6	0.075
高速公路、一级公路	—	100	79~88	61~76	49~64	30~40	19~28	8~14	2~5
二级及二级以下公路	100	90~100	70~86	54~72	42~62	25~45	16~31	7~15	2~5

6.4.2 水泥粉煤灰稳定建筑垃圾再生集料技术要求应符合表 6.4.2 的规定。

表 6.4.2 水泥粉煤灰稳定建筑垃圾再生集料压实度和强度

结构层	公路等级	压实度（%）	7d 饱水无侧限抗压强度 R_d（MPa）	
			重型击实法	振动成型法
基层	高速公路、一级公路	≥98	3.5~4.5	4.0~6.0
	二级公路及二级以下公路	≥97	3.0~4.0	3.5~5.0
底基层	高速公路、一级公路	≥97	2.0~3.0	3.0~4.0
	二级公路及二级以下公路	≥95	1.5~2.5	2.0~3.0

条文说明

参考《公路路面基层施工技术细则》（JTG/T F20—2015）表 4.2.7 的技术要求，结合工程实践经验确定。

6.4.3 水泥与粉煤灰的比例宜采用 1:3~1:5，水泥粉煤灰与建筑垃圾再生集料的质量比例宜采用 15:85~20:80。

条文说明

参考《公路路面基层施工技术细则》（JTG/T F20—2015）表 4.4.6 的推荐比例，结合工程实践经验确定。

6.5 石灰粉煤灰稳定类

6.5.1 石灰粉煤灰稳定建筑垃圾再生集料的级配应符合表 6.5.1 的规定。

表 6.5.1 石灰粉煤灰稳定建筑垃圾再生集料级配

公路等级	通过以下筛孔（mm）百分率（%）								
	31.5	26.5	19	13.2	9.5	4.75	2.36	0.6	0.075
高速公路、一级公路	—	100	82~89	65~78	53~67	35~45	22~31	8~15	2~5
二级公路及二级以下公路	100	90~100	73~87	58~75	47~66	30~50	19~36	8~19	2~7

6.5.2 石灰粉煤灰稳定建筑垃圾再生集料技术要求应符合表 6.5.2 的规定。

表 6.5.2 石灰粉煤灰稳定建筑垃圾再生集料压实度和强度

结构层	公路等级	压实度（%）	7d 饱水无侧限抗压强度 R_d（MPa）	
			重型击实法	振动成型法
基层	高速公路、一级公路	≥98	≥1.0	≥1.1
	二级公路及二级以下公路	≥97	≥0.8	≥0.9
底基层	高速公路、一级公路	≥97	≥0.7	≥0.8
	二级公路及二级以下公路	≥95	≥0.6	≥0.7

条文说明

参考《公路路面基层施工技术细则》（JTG/T F20—2015）表 4.2.6 的技术要求，结合工程实践经验确定。

6.5.3 石灰与粉煤灰的质量比例宜为 1:2～1:4，石灰粉煤灰与建筑垃圾再生集料的质量比例宜为 15:85～20:80。

条文说明

参考《公路路面基层施工技术细则》（JTG/T F20—2015）表 4.4.4 的推荐比例，结合工程实践经验确定。

6.6 施工

6.6.1 无机结合料稳定建筑垃圾再生集料路面基层正式施工前应铺筑试验段，具体要求应符合现行《公路路面基层施工技术细则》（JTG/T F20）的相关规定。

6.6.2 无机结合料稳定建筑垃圾再生集料的拌和应符合下列规定：
1 拌和前宜采用喷洒设备对建筑垃圾再生集料洒水闷料 6～12h。
2 水泥稳定和水泥粉煤灰稳定建筑垃圾再生集料含水率可比最佳含水率增加 0.5%～1.5%，石灰粉煤灰稳定建筑垃圾再生集料含水率可比最佳含水率增加 1%～2%。
3 无机结合料稳定建筑垃圾再生集料的生产应采用集中厂拌，宜采用振动搅拌或两次拌和工艺，拌和时间应不少于 15s。
4 拌和后应按规定取混合料试样抽查级配和水泥、石灰剂量，随时检查配合比、含水率的变化。

条文说明

1 由于建筑垃圾再生集料的吸水量较常规集料大,为保证水泥稳定和水泥粉煤灰稳定建筑垃圾再生集料基层施工质量,宜洒水闷料6~12h,水泥稳定和水泥粉煤灰稳定建筑垃圾再生集料含水率可比最佳含水率增加0.5%~1.5%,石灰粉煤灰稳定建筑垃圾再生集料含水率可比最佳含水率增加1%~2%。

3 推荐采用振动拌和、双机联拌,以达到充分搅拌的目的,也可采用间歇式拌和。

6.6.3 无机结合料稳定建筑垃圾再生集料的运输应符合下列规定:

1 拌和机出料应配备带活门漏斗的料仓,由漏斗出料直接装车运输,装车时车辆前后移动,分多次装料,避免混合料离析。

2 运输车辆宜采用25t以上的大型自卸车集中运输,运输车辆装料前应清洗干净车厢,装料后应覆盖,以减少水分损失。

条文说明

在无机结合料稳定建筑垃圾再生集料运输过程中,运输车辆出场时均采用帆布严密覆盖,防止水分蒸发。

6.6.4 无机结合料稳定建筑垃圾再生集料的摊铺应符合下列规定:

1 摊铺前应将下承层清理干净并适当洒水湿润。

2 摊铺前应检查摊铺机各部分运转情况,调整好传感器臂与导向控制线的关系,严格控制基层厚度和高程,保证路拱横坡度满足设计要求。

3 摊铺机前混合料运输车宜不少于5台,摊铺机开始连续摊铺,摊铺机螺旋布料器应有2/3埋入混合料中,摊铺速度宜为1.5~2.5m/min。

条文说明

无机结合料稳定建筑垃圾再生集料的摊铺采用抗离析宽幅摊铺机全幅一次成型,为保障摊铺机连续摊铺,在正式摊铺之前以及在摊铺过程中,施工现场摊铺机前方至少需要5台运输车辆等待接驳摊铺机进行卸料。

6.6.5 无机结合料稳定建筑垃圾再生集料的碾压应符合下列规定:

1 摊铺完成后应使用压路机在全幅范围内进行碾压,碾压段落层次分明,设置明显的分界标志。

2 压路机碾压时应重叠1/2轮宽,压路机初压速度为1.5~1.7km/h,复压和终压速度为1.8~2.2km/h,碾压成型后的表面应平整、无轮迹。

3 水泥、水泥粉煤灰稳定建筑垃圾再生集料路面基层,应取初凝时间与容许延迟时间较短的时间作为施工控制时间,宜在2h内碾压成型;石灰粉煤灰稳定建筑垃圾再生集料基层最迟应不超过24h完成碾压，宜在4h内碾压成型。

条文说明

2 为防止无机结合料稳定建筑垃圾再生集料水分蒸发，摊铺后立即用较大激振力的压路机进行碾压成型。初压时，用双钢轮压路机静压2~3遍；复压时，用激振力大于35t的重型振动压路机碾压密实；终压时，再用双钢轮压路机稳压消除轮迹。压路机在碾压过程中匀速行驶，制动、启动时要缓慢渐进。

6.6.6 无机结合料稳定建筑垃圾再生集料的养生应符合下列规定：

1 碾压完成后并经压实度检测合格后的无机结合料稳定建筑垃圾再生集料路面基层宜采用透水土工布覆盖、洒水保湿等方式进行养生；宜采用喷雾式喷头洒水，严禁采用高压直冲式喷管。

2 水泥稳定建筑垃圾再生集料路面基层养生期宜不少于7d，水泥粉煤灰稳定建筑垃圾再生集料路面基层养生期宜不少于10d，石灰粉煤灰稳定建筑垃圾再生集料路面基层养生期宜不少于14d，养生完成后钻取完整芯样方可进行下一道工序。

3 养生期间应封闭交通，严禁洒水车以外的其他车辆通行。

条文说明

1 无机结合料稳定建筑垃圾再生集料路面基层从碾压完成到铺筑上层结构层之前都属于养生期，要保证整个养生期无机结合料稳定建筑垃圾再生集料路面基层表面湿润。

2 无机结合料稳定建筑垃圾再生集料路面基层从碾压完成到铺筑上层结构层之前都属于养生期。7d、10d、14d分别是水泥稳定建筑垃圾再生集料、水泥粉煤灰稳定建筑垃圾再生集料、石灰粉煤灰稳定建筑垃圾再生集料进行质量控制和检测的时间节点。

6.6.7 雨季施工时，不得使混合料淋雨。降雨时，应停止施工，对已摊铺的无机结合料稳定建筑垃圾再生集料路面基层应尽快碾压成型并及时覆盖。

6.7 质量检查与验收

6.7.1 施工质量检查应包括建筑垃圾再生集料、天然集料、无机结合料稳定建筑垃圾再生集料，以及无机结合料稳定建筑垃圾再生集料路面基层。

6.7.2 建筑垃圾再生集料的检测项目及频率应满足表6.7.2的要求。天然集料、水泥、粉煤灰及石灰应按现行《公路路面基层施工技术细则》（JTG/T F20）的规定执行。

表6.7.2 建筑垃圾再生集料质量检测项目及频率

项 目	频 率		质 量 要 求	
	高速公路、一级公路	二级公路及二级以下公路	高速公路、一级公路	二级公路及二级以下公路
含水率（%）	每天拌和前测2个样品，发现异常随时检测			
级配				
轻质杂物含量（%）	材料组成设计时测2个样品；批次发生变化时测2个样品；发生异常时，随时检测		满足本规范要求	
针片状含量（%）				
压碎值（%）				
砂当量（%）				
0.075mm以下材料的塑性指数				
有机质含量（%）				
混凝土颗粒含量（%）	每2 000m² 测2个样品；拌和前取样抽查	每3 000m² 测2个样品；拌和前取样抽查		

条文说明

为保证基层的质量，对天然集料、水泥、粉煤灰及石灰的检测项目及频率要求按现行《公路路面基层施工技术细则》(JTG/T F20) 执行。

6.7.3 水泥稳定、水泥粉煤灰稳定及石灰粉煤灰稳定建筑垃圾再生集料的检测项目及频率应满足表6.7.3的要求。

表6.7.3 无机结合料稳定建筑垃圾再生集料质量检测项目及频率

项 目	频 率	质 量 要 求		试验方法
水泥或石灰剂量	每2 000m² 检查1次；至少6个样品	设计值 -1%		T 0809
含水率	每作业段或不超过2 000m² 检查1次；异常时，随时检测	控制在最佳含水率 -1%~2% 范围内		T 0801、T 0803
混合料级配	每作业段或不超过2 000m² 检查1次；异常时，随时检测	0.075mm	±2%	T 0302
		≤2.36mm	±5%	
		≥4.75mm	±6%	
掺配率	每日1次，逐日评定	±3%		总量检测
拌和均匀性	随时检查	色泽均匀，无离析现象		目测

注：掺配率的检测采用总量检测，通过抽查拌和楼电子秤重记录或打印记录，计算出掺配率，并评定是否符合要求。

6.7.4 在不同公路等级、不同层位铺筑无机结合料稳定建筑垃圾再生集料路面基层，施工质量实测项目及频率应满足表6.7.4的要求，其他项目应按现行《公路路面基层施工技术细则》（JTG/T F20）的规定执行。

表6.7.4 无机结合料稳定建筑垃圾再生集料路面基层施工质量实测项目及频率

项目	频率				质量要求				试验方法
	高速公路、一级公路		二级公路及二级以下公路		高速公路、一级公路		二级公路及二级以下公路		—
	基层	底基层	基层	底基层	基层	底基层	基层	底基层	
压实度	每作业段或2 000m²测6次以上				≥98%	≥97%	≥97%	≥96%	JTG 3450 T 0921
强度	每作业段或每2 000m²测一组9~13个试件				满足设计要求				JTG E51 T 0805

6.7.5 无机结合料稳定建筑垃圾再生集料路面基层施工完成后应按现行《公路工程质量检验评定标准 第一册 土建工程》（JTG F80/1）的相关规定进行质量检验评定。

7 水泥混凝土构件

7.1 一般规定

7.1.1 利用建筑垃圾再生集料制备的水泥混凝土构件可用于公路排水、防护工程及路缘石等附属设施。

7.1.2 用于水泥混凝土构件的建筑垃圾再生材料应符合Ⅰ类建筑垃圾再生材料的技术要求。

7.1.3 可使用建筑垃圾再生集料配制强度等级 C40 以下水泥混凝土。

7.1.4 利用建筑垃圾再生集料制备水泥混凝土构件时所用水泥、水、掺合物及外掺剂应符合现行《通用硅酸盐水泥》（GB 175）、《混凝土用水标准》（JGJ 63）、《用于水泥和混凝土中的粉煤灰》（GB/T 1596）、《用于水泥、砂浆和混凝土中的粒化高炉矿渣粉》（GB/T 18046）、《混凝土外加剂》（GB 8076）及《混凝土外加剂应用技术规范》（GB 50119）中的相关规定。

7.1.5 再生集料掺配率应根据水泥混凝土强度等级，通过试验确定。当缺乏试验条件时，再生集料掺配率可参照表 7.1.5 的规定。

表 7.1.5 不同强度等级再生集料水泥混凝土掺配率

集料等级	Ⅰ类 B 级		Ⅰ类 A 级	
强度等级	C20	C25	C30	C35
掺配率（%）	≤45	≤40	≤35	≤30

条文说明

根据广泛调研及实体工程验证，本规范给出了不同强度等级下再生集料的掺配率推荐值。若使用Ⅰ类 A 级建筑垃圾再生集料配制 C20、C25 强度等级的混凝土时，建议在Ⅰ类 B 级掺配率的基础上适当增加。

7.2 技术要求

7.2.1 再生集料水泥混凝土性能及检验评定应符合国家和行业现行有关标准的规定。

条文说明

再生集料水泥混凝土拌合物性能试验方法按现行《普通混凝土拌合物性能试验方法标准》(GB/T 50080) 执行；力学性能试验方法及试件尺寸换算系数按现行《混凝土物理力学性能试验方法标准》(GB/T 50081) 执行；长期性能和耐久性能试验方法按现行《普通混凝土长期性能和耐久性能试验方法标准》(GB/T 50082) 执行；质量控制应符合现行《混凝土质量控制标准》(GB 50164) 的规定；强度检验评定应符合现行《混凝土强度检验评定标准》(GB/T 50107) 的规定；耐久性的检验评定应符合现行《混凝土耐久性检验评定标准》(JGJ/T 193) 的规定。

7.2.2 掺配建筑垃圾再生集料后的水泥混凝土粗集料的级配应满足现行《建设用卵石、碎石》(GB/T 14685) 的要求。

条文说明

掺配时，为减少料仓数量，同时保证水泥混凝土质量，粗集料级配在满足现行《建设用卵石、碎石》(GB/T 14685) 的要求基础上，最大档材料通常用天然集料；一档掺配不能满足要求时，次档粒径可以用天然集料。

7.2.3 用于公路排水、防护结构及路缘石的再生集料水泥混凝土强度等级应符合表 7.2.3 的规定。

表 7.2.3 排水、防护结构及路缘石用再生集料水泥混凝土强度等级

构造物类型	最低强度等级		用　途
	非冰冻区及轻冻区	中冻区及重冻区	
排水、防护结构	C20	C25	边沟及盖板、排水沟、护坡
路缘石	C30	C30	公路路缘石

注：轻冻区——冻结指数小于 800 的地区；
　　中冻区——冻结指数 800~2 000 的地区；
　　重冻区——冻结指数大于 2 000 的地区。

条文说明

现行《公路路基设计规范》(JTG D30) 中规定了排水、防护结构水泥混凝土的最

低强度，其中，非冰冻区及轻冻区的水泥混凝土最低要求为C20；中冻及重冻区的水泥混凝土最低要求为C25。根据广泛调研及实体工程验证，本规范规定了用于排水、路缘石、防护工程的再生集料水泥混凝土最低强度等级。

7.2.4 接触除冰盐的再生集料水泥混凝土，宜按除冰盐等其他氯化物环境进行耐久性设计。水泥混凝土的抗氯离子侵入性指标应满足表7.2.4的要求。

表7.2.4 水泥混凝土抗氯离子渗透性能技术要求

指　　标	公　路　等　级	
	高速公路、一级公路	二级公路及二级以下公路
28d龄期氯离子扩散系数 D_{RCM}（$10^{-12} m^2/s$）	≤8	≤12

注：水泥混凝土氯离子扩散系数 D_{RCM} 的测定方法参照现行《普通混凝土长期性能和耐久性能试验方法标准》（GB/T 50082）执行。

条文说明

寒冷地区冬季道路使用除冰盐进行清除冰雪，在《公路工程混凝土结构耐久性设计规范》（JTG/T 3310—2019）中，采用氯离子在水泥混凝土中的扩散系数来评定水泥混凝土的抗盐蚀性。因此，根据广泛调研及实体工程验证，本规范规定了不同公路等级的建筑垃圾再生集料水泥混凝土28d龄期氯离子的扩散系数值。

7.2.5 对于在重冻地区承受盐冻的水泥混凝土，应按现行《普通混凝土长期性能和耐久性能试验方法》（GB/T 50082）进行盐冻试验。经过规定盐冻循环试验后，试件的平均剥落量应小于1.0kg/m²。

7.3 配合比设计

7.3.1 再生集料水泥混凝土配合比设计的步骤应根据现行《普通混凝土配合比设计规程》（JGJ 55）进行。

7.3.2 再生集料水泥混凝土应通过试配和调整确定基准配合比。

条文说明

再生集料水泥混凝土配合比设计中计算的"初步配合比"只是理论上的配合比，还需要根据实际使用的各种材料进行试配调整，确定"工作性"满足要求的"基准配合比"。再生集料水泥混凝土基准配合比参照《普通混凝土配合比设计规程》（JGJ55—2011）进行试配、调整及确定。

7.3.3 再生集料水泥混凝土抗压强度标准差应根据同品种、同强度等级的再生集料水泥混凝土统计资料计算确定，也可参考表 7.3.3 取值。

表 7.3.3 抗压强度标准差

强度等级	C20	C25、C30	C35
抗压强度标准差 σ （MPa）	4.0	5.0	6.0

条文说明

现行《普通混凝土配合比设计规程》（JGJ 55）给出了不同强度等级抗压强度标准差。再生集料水泥混凝土中配合比设计时，结合现行《普通混凝土配合比设计规程》（JGJ 55），经广泛调研及实体工程验证，本规范提出了再生集料水泥混凝土抗压强度标准差的参考值。

7.3.4 再生集料水泥混凝土配合比的试配强度、水胶比、净水用量可分别按式（7.3.4-1）～式（7.3.4-5）计算：

$$f_{cu,0} \geq f_{cu,k} + 1.645\sigma \quad (7.3.4\text{-}1)$$

$$f_{cu,0} = \alpha_a(\beta) f_b \left[\frac{B}{W_a} - \alpha_b(\beta) \right] \quad (7.3.4\text{-}2)$$

$$\alpha_a(\beta) = 0.46 + 0.36\beta \quad (7.3.4\text{-}3)$$

$$\alpha_b(\beta) = 0.37 + 1.79\beta + 0.92\beta^2 \quad (7.3.4\text{-}4)$$

$$W_a = W - W_{1h} \quad (7.3.4\text{-}5)$$

式中：$f_{cu,0}$——再生集料水泥混凝土的试配抗压强度（MPa）；

$f_{cu,k}$——再生集料水泥混凝土立方体抗压强度标准值（MPa）；

σ——再生集料水泥混凝土抗压强度标准差（MPa）；

f_b——胶凝材料（水泥与矿物掺合料按使用比例混合）28d 龄期的抗压强度实测值（MPa）；

$\frac{B}{W_a}$——再生集料水泥混凝土胶水比；

B——胶凝材料的用量（kg）；

$\alpha_a(\beta)$、$\alpha_b(\beta)$——回归系数；

β——掺配率（%）；

W_a——再生集料水泥混凝土的净用水量（kg）；

W_{1h}——再生集料 1h 吸水量（kg）；

W——再生集料水泥混凝土单位用水量（kg）。

条文说明

建筑垃圾再生集料的吸水率、表观密度、压碎指标与天然碎石有较大的差别。不同掺配率再生集料配制的水泥混凝土立方体抗压强度必然不同。在再生集料水泥混凝土配合比设计过程中沿用传统的鲍罗米公式，往往会产生较大的误差。再生集料全部或者部分取代碎石会影响水泥混凝土的性能，随着再生集料掺配率的不同，其强度也不同。本规范通过试验分析不同再生集料掺配率下水泥混凝土的强度值，最终回归拟合出新的与再生集料掺配率有关的再生集料水泥混凝土鲍罗米公式。

7.3.5 配合比设计参数选择应符合下列规定：
1 再生集料水泥混凝土单位用水量应按照净用水量和附加用水量确定。
2 胶凝材料用量、砂率的确定应符合现行《普通混凝土配合比设计规程》（JGJ 55）的规定。在满足和易性要求的前提下，再生集料水泥混凝土宜采用较低的砂率。
3 再生集料水泥混凝土宜采用绝对体积法进行配合比设计。

条文说明

1 再生集料水泥混凝土单位用水量包括净用水量和附加用水量两部分。其中净水用量，根据粗集料类型、最大粒径及再生集料水泥混凝土和易性要求确定，并符合现行《普通混凝土配合比设计规程》（JGJ 55）的规定。

附加用水量根据再生集料的1h吸水量确定。再生集料采用预湿饱和处理时，不考虑附加用水量。

3 在配合比设计计算过程中，由于再生集料中组成材料的不确定性，难以根据以往工程假设"每立方米水泥混凝土拌合物的假定质量"，从而导致"质量法"计算集料用量偏差较大；采用"绝对体积法"计算集料用量时，可以准确测定再生集料的表观密度，所以本规范规定采用绝对体积法计算集料用量。

7.3.6 用于冰冻地区的再生集料水泥混凝土构件，宜采用引气水泥混凝土。

条文说明

对于C60以下的水泥混凝土，适量的引气是目前提高水泥混凝土抗冻性能较为经济有效的措施。其中引气水泥混凝土拌合物的引气含量应根据不同的抗冻等级，参照现行《季节性冻土地区公路设计与施工技术规范》（JTG/T D31-06）取值。

7.4 构件制作

7.4.1 再生集料水泥混凝土施工应满足现行《混凝土结构工程施工规范》（GB 50666）及《混凝土质量控制标准》（GB 50164）的要求。

7.4.2 再生集料水泥混凝土预制构件应采用集中厂拌预制。

7.4.3 首次使用的再生集料水泥混凝土配合比应进行开盘鉴定，工作性符合要求后方可投入生产。

7.4.4 再生集料水泥混凝土拌和宜采用强制式搅拌机，有条件时可采用振动搅拌，随着再生集料掺量的增加宜增加搅拌时间 10~20s。

7.4.5 当再生集料水泥混凝土构件用于中冻区及重冻区时，宜采用干法振动成型，以提高其抗冻性。

7.4.6 再生集料水泥混凝土振捣宜采用固定的高频振动台，振动台台面应设置固定模具装置。

7.4.7 再生集料水泥混凝土构件的养护拆模时间应不小于 24h。

7.4.8 再生集料水泥混凝土构件宜采用有保温保湿的养护室养护。无养护室时，应采用覆盖喷水养护，且不得在通风处养护。

条文说明

再生集料水泥混凝土成型后，相比普通水泥混凝土要更加注意表面失水问题，否则可能由于内外湿差等引起应力收缩，致使表面水泥混凝土产生裂缝。

7.5 质量检查与验收

7.5.1 建筑垃圾再生集料、天然集料相关检测项目、频率和质量控制指标应符合表 7.5.1 的规定。

表 7.5.1 集料质量检测项目及频率

名称	项 目	频 率	质 量 要 求
建筑垃圾再生集料	颗粒级配	每批次检验 1 次	满足本规范表 4.2.1 要求
	吸水率（%）	每批次检验 2 次	满足本规范表 4.2.3 要求
	压碎值（%）	每批次检验 3 次	
	轻质杂物含量（%）	每批次检验 2 次	
天然集料	颗粒级配、含泥量、泥块含量、针片状含量、压碎值	每 400m³ 或者 600t 为 1 个检验批，检验 1 次	满足现行《混凝土结构工程施工规范》（GB 50666）
	含水率	每工作班不应少于 1 次，当雨雪天气等外界影响导致水泥混凝土集料含水率发生变化时，应及时检验	

注：再生集料其他指标的检验应满足现行《水泥混凝土用再生粗骨料》（GB/T 25177）的相关要求。

7.5.2 再生集料水泥混凝土拌合物相关检测项目、频率和质量控制指标与标准应符合表7.5.2的规定。

表7.5.2 拌合物质量检测项目及频率

项　目	频　率	质　量　要　求
拌合物工作性	每100m³不应少于1次，且每一工作班不应少于2次	满足现行《混凝土质量控制标准》（GB 50164）要求
凝结时间	同一工程、同一配合比、采用同一批次水泥和外加剂时，至少检验1次	
氯离子含量	同一工程、同一配合比的水泥混凝土，至少检验1次	
掺配率	抽查拌合楼电子秤重记录，每天检测2次	满足设计要求

7.5.3 再生集料水泥混凝土预制构件每批产品出厂均应对其尺寸允许偏差、外观质量、强度等级和吸水率等进行出厂检验，具体应符合下列规定：

1 再生集料水泥混凝土预制构件同一规格宜按每3 000块一批，不足3 000块时也可为一批；当产品质量比较稳定时，可按每6 000块一批进行质量检验。

2 再生集料水泥混凝土构件吸水率应不大于6%，按照随机抽样法从成品堆中每批次抽取3块试样进行检测。

3 再生集料水泥混凝土构件长度、宽度和高度的允许偏差值均为–2~+2mm，其余外观质量的测量方法按照表7.5.3-1的规定进行检测。尺寸允许偏差和外观质量检测应按随机抽样法每批次产品中抽取13块试样。

表7.5.3-1 外观质量的测量方法

项　目	测　量　方　法
缺棱掉角	测量顶面和正侧面缺棱掉角处损坏、掉角的长度和宽度（或高度）投影尺寸，精确至1mm
面层非贯穿裂纹（表面裂纹）	测量裂纹所在面上的投影长度；若裂纹由一个面延伸至相邻面时，测量其延伸长度之和，精确至1mm
粘皮（脱皮）	测量顶面和正侧面上粘皮（脱皮）及表面缺损或伤痕处互相垂直的两个最大尺寸，精确至1mm；计算其面积，精确至1mm²
气孔	测量气孔处过中心互相垂直的两个尺寸，取平均值，精确至1mm
贯穿裂纹	在自然光照或不低于40W日光灯下，距预制构件1.5m处，对端面、背面（或底面）目测检验贯穿裂纹
分层	在自然光照或不低于40W日光灯下，距预制构件1.5m处，对端面、背面（或底面）目测检验分层

注：检测的量具采用分度值为1mm的钢板尺。

4 再生集料水泥混凝土构件外观质量应符合下列规定：
1）缺棱掉角影响顶面或正侧面的破坏最大投影尺寸不大于 10mm；
2）面层非贯穿裂纹最大投影尺寸不大于 15mm；
3）可视面粘皮（脱皮）及表面缺损最大面积不大于 30mm²；
4）最大气孔直径不应超过 3mm；
5）无贯穿裂纹、明显分层。
5 再生集料水泥混凝土构件质量检验项目及频率应符合表 7.5.3-2 的规定。

表 7.5.3-2 再生集料水泥混凝土构件质量检验项目及频率

名　称	项　目	允　许　偏　差	检查方法及频率
护坡	抗压强度	不小于设计强度	每 1 工作台班 2 组试件
	断面尺寸	不小于设计值	尺量：每 20m 量 2 个断面
排水工程	抗压强度	不小于设计强度	每 1 工作台班 2 组试件
	断面尺寸	不小于设计值	尺量：每 20m 量 2 个断面
	铺砌厚度	不小于设计值	每处开挖检查不少于 1 个断面
路缘石	抗压强度	不小于设计强度	每 1 工作台班 2 组试件
	断面尺寸	不小于设计值	尺量：每 20m 量 2 个断面

条文说明

2 现行《混凝土路缘石》（JC/T 899）中规定了路缘石的吸水率不应大于 6%，再生集料水泥混凝土由于加入了建筑垃圾再生集料，吸水率增加，因此，要规定吸水率的最大值，其检测方法可以按现行《混凝土路缘石》（JC/T 899）执行。

5 再生集料水泥混凝土预制构件为非标准件，难以直接进行强度检测试验，因此，对相同批次的再生集料水泥混凝土预留试件进行强度检测。预留件的取样根据本规范所要求的检查方法和频率，在水泥混凝土浇筑地点随机取样，其强度按标准方法制作边长为 150mm 的立方体试件，用标准试验方法在 28d 龄期测得的水泥混凝土抗压强度还需满足现行《混凝土强度检验评定标准》（GB 50107）及《混凝土质量控制标准》（GB 50164）的要求。

7.5.4 再生集料水泥混凝土构件工程应用后质量检验验收应按《公路工程质量检验评定标准　第一册　土建工程》（JTG F80/1—2017）执行。

附录 A 再生混凝土颗粒含量及轻质杂物含量试验方法

A.1 仪具和材料

A.1.1 试验宜采用下列仪具和材料：
1 鼓风干燥箱：能使温度控制在（105±5）℃；
2 电子天平：称量20kg，感量0.1g；
3 方孔筛：孔径为4.75mm的筛一只；
4 铁铲、搪瓷盘、毛刷等。

A.2 取样

A.2.1 试样的最小取样数量应符合表A.2.1的规定。混凝土颗粒含量与轻质杂物含量可采用同一组试样进行试验。

表 A.2.1 试验最小取样数量

再生材料最大粒径（mm）	9.5	16	19.0	26.5	31.5	≥37.5
最少试样量（kg）	20.0	20.0	40.0	40.0	60.0	60.0

A.3 试样处理

A.3.1 应按现行《建设用卵石、碎石》（GB/T 14685）中规定的试验处理方法进行。

A.4 试验步骤

A.4.1 应按现行《建设用卵石、碎石》（GB/T 14685）中规定的方法取样，将试样通过4.75mm方孔筛，取筛上部分进行试验将试样缩分至略大于表A.4.1规定数量的2倍。

A.4.1 试验所需试样数量

再生材料最大粒径（mm）	9.5	16	19.0	26.5	31.5	≥37.5
最少试样量（kg）	4.0	4.0	8.0	8.0	15.0	15.0

A.4.2 将缩分后的试样置于（105±5）℃的干燥箱中烘干至恒量，冷却至室温后，分为大致相等的两份备用。

A.4.3 混凝土颗粒含量与轻质杂物含量试验应按下列步骤进行：
1 称量试样的质量 m_1，准确至 0.1g；
2 人工分选出试样中的混凝土块、石块，并称量其质量 m_2，准确至 0.1g；
3 人工分选出试样中的塑料、木块、布片、纸屑、泡沫颗粒等轻质杂物，并称量各种杂物的总质量 m_3，准确至 0.1g。

A.5 结果处理

A.5.1 应分别按式（A.5.1-1）和式（A.5.1-2）计算再生材料中混凝土颗粒与轻质杂物占试样总质量的百分比，精确至 0.01%：

$$Q_a = \frac{m_2}{m_1} \times 100 \quad (\text{A.5.1-1})$$

$$Q_b = \frac{m_3}{m_1} \times 100 \quad (\text{A.5.1-2})$$

式中：Q_a——混凝土颗粒含量（%）；
　　　Q_b——轻质杂物含量（%）。

A.5.2 应进行 2 次平行试验，试验结果取 2 次试验的算术平均值，精确至 0.01%。

附录 B 再生材料最大干密度及压实度确定方法

B.1 最大干密度确定方法

B.1.1 再生材料最大干密度每 50 000m³ 应取样测定一次。

B.1.2 应配制 5~40mm 颗粒占 0~40mm 颗粒的粗粒含量为 20%、30%、40%、50%、60%、70%、80% 的再生材料试样，分别按照现行《公路土工试验规程》（JTG 3430）中的试验方法进行室内大筒重型击实试验，确定不同粗粒含量（以击实后试样粗粒含量为准）再生材料的最大干密度和最佳含水率，绘制不同粗粒含量的最大干密度曲线。

B.1.3 当试样中大于规定最大粒径的超尺寸颗粒含量为 5%~30% 时，应对试验所得最大干密度和最佳含水率进行校正；超尺寸颗粒含量小于 5% 时，可不进行校正。

B.1.4 应根据校正的最大干密度、最佳含水率和 5~40mm 颗粒和占 0~40mm 颗粒的粗粒含量来绘制修正曲线。

B.2 压实度确定方法

B.2.1 现场采用灌砂法［按现行《公路路基路面现场测试规程》（JTG 3450）中的试验方法进行］检测路基压实度时，应根据试坑内再生材料中 5~40mm 颗粒占 0~40mm 颗粒的粗粒含量，在重型击实修正曲线中查找对应的最大干密度来计算现场再生材料的压实度。

本规范用词用语说明

1 本规范执行严格程度的用词，采用下列写法：

1）表示很严格，非这样做不可的用词，正面词采用"必须"，反面词采用"严禁"；

2）表示严格，在正常情况下均应这样做的用词，正面词采用"应"，反面词采用"不应"或"不得"；

3）表示允许稍有选择，在条件许可时首先应这样做的用词，正面词采用"宜"，反面词采用"不宜"；

4）表示有选择，在一定条件下可以这样做的用词，采用"可"。

2 引用标准的用语采用下列写法：

1）在标准总则中表述与相关标准的关系时，采用"除应符合本规范的规定外，尚应符合国家和行业现行有关标准的规定"。

2）在标准条文及其他规定中，当引用的标准为国家标准和行业标准时，表述为"应符合《××××××》（×××）的有关规定"。

3）当引用本标准中的其他规定时，表述为"应符合本规范第×章的有关规定"、"应符合本规范第×.×节的有关规定"、"应符合本规范第×.×.×条的有关规定"或"应按本规范第×.×.×条的有关规定执行"。